D1156178

CHICAGO PUBLIC LIBRARY
SOUTH CHICAGO BRANCH
9055 S. HOUSTON AVE. 60617

SEP   2006

Biblioteca visual juvenil

El mundo natural

CHICAGO PUBLIC LIBRARY
SOUTH CHICAGO BRANCH
9055 S. HOUSTON AVE. 60617

LIBSA

© 2006, Editorial LIBSA
C/ San Rafael, 4
28108. Alcobendas. Madrid
Tel. (34) 91 657 25 80
Fax (34) 91 657 25 83
e-mail: libsa@libsa.es
www.libsa.es

Título original: *Nature*
Traducción: Marta Terrer
Edición: Azucena Merino

© MM, Orpheus Books Limited

ISBN: 84-662-1165-9

Derechos exclusivos de edición para todos
los países de habla española.

Queda prohibida, salvo excepción prevista en la ley,
cualquier forma de reproducción, distribución,
comunicación pública y transformación de esta obra
sin contar con la autorización de los titulares
de la propiedad intelectual.
La infracción de los derechos mencionados puede ser
constitutiva de delito contra la propiedad intelectual
(arts. 270 y ss. del Código Penal).
El Centro Español de Derechos Reprográficos
vela por el respeto de los citados derechos.

Ilustradores: Susanna Addario, Mike Atkinson, Andrew
Beckett, John Butler, Martin Camm, Ferruccio
Cucchiarini, Elisabetta Ferrero, Giuliano Fornari, Andrea
Ricciardi di Gaudesi, Gary Hincks, Ian Jackson, David
More, John Morris, Steve Noon, Nicki Palin, Alessandro
Rabatti, Eric Robson, Claudia Saraceni, Peter David
Scott, Ivan Stalio, Colin Woolf, David Wright.

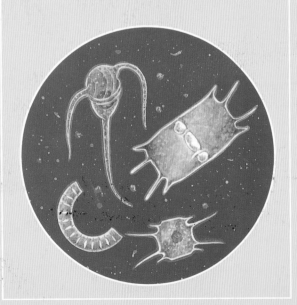

CONTENIDO

CHICAGO PUBLIC LIBRARY
SOUTH CHICAGO BRANCH
9055 S. HOUSTON AVE. 60617

BIOMAS MUNDIALES

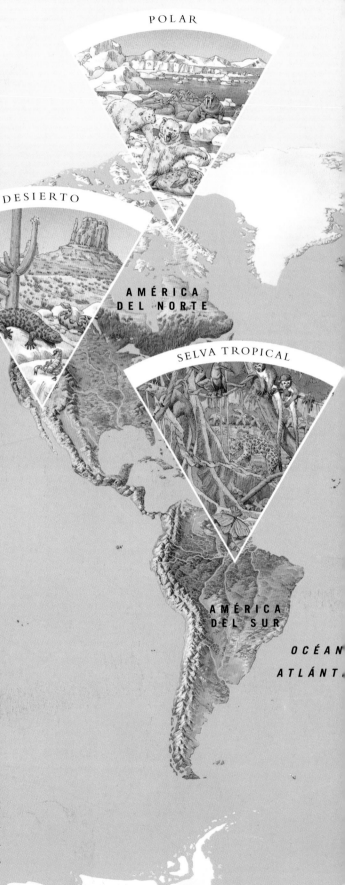

POLAR

DESIERTO

AMÉRICA DEL NORTE

SELVA TROPICAL

OCÉANO PACÍFICO

AMÉRICA DEL SUR

OCÉAN ATLÁNT.

EN LA TIERRA hay bastantes tipos de grandes biomas, nueve de ellos están descritos aquí. Cada uno se compone de diferentes hábitats a pequeña escala que suelen presentar características similares entre sí. Por ejemplo, bosques de robles, hayas, arces y árboles de hoja caduca que modifican la temperatura del bioma del bosque.

Cada bioma es el producto del clima, las rocas y el suelo de la región. El Sur y el Norte de la Tierra están cubiertos de nieve y hielo durante la mayor parte del año. Son los biomas polares. Al sur del Polo Norte se encuentra el bioma de la tundra, donde hace demasiado frío para que los árboles puedan crecer, pero durante el corto verano, las capas superiores del suelo se deshielan y crecen pequeñas plantas, como musgos y juncos. El bosque boreal es ligeramente menos frío. Las coníferas pueden crecer durante el verano y soportar el peso de la nieve durante el invierno. Alrededor del mundo helado, las cordilleras forman un bioma montañoso similar.

En el bosque templado, el verano es más largo y moderado. Los árboles de hoja caduca se desarrollan rápidamente a pesar de perder sus hojas en invierno. La selva tropical se encuentra cerca del Ecuador donde el clima es cálido y húmedo durante todo el año. Las praderas de la sabana crecen en las zonas más secas, donde llueve incluso menos que en el bioma desértico.

Los arroyos, ríos y lagos, constituyen biomas locales de agua dulce, mientras las ciénagas y las zonas pantanosas forman las tierras húmedas. El bioma costero lo constituye una fina franja entre el mar y la tierra. El bioma más grande es sin duda el oceánico.

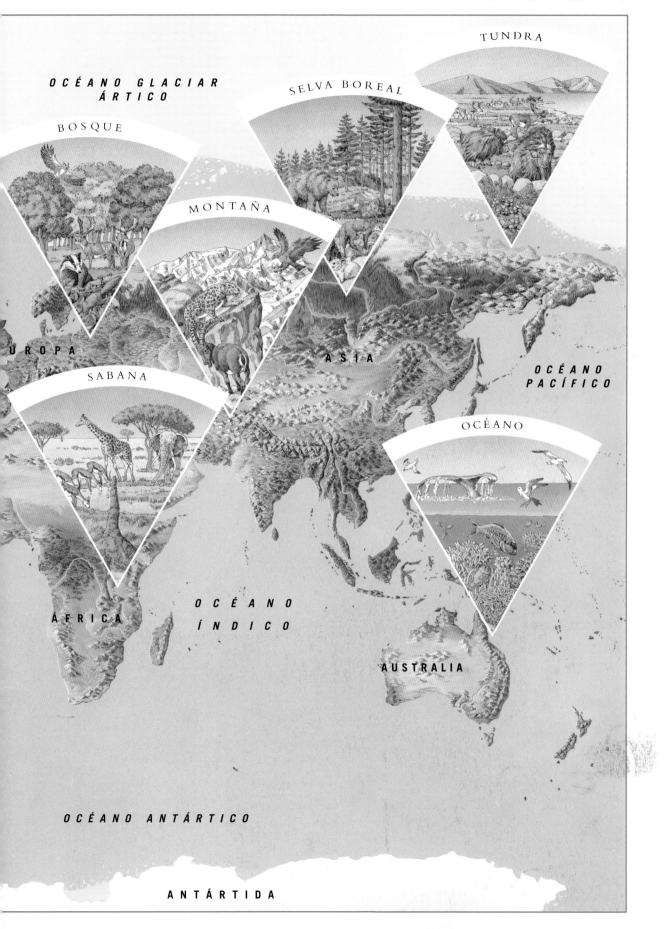

TUNDRA

OCÉANO GLACIAR
ÁRTICO

SELVA BOREAL

BOSQUE

MONTAÑA

EUROPA

ASIA

OCÉANO
PACÍFICO

SABANA

OCÉANO

ÁFRICA

OCÉANO
ÍNDICO

AUSTRALIA

OCÉANO ANTÁRTICO

ANTÁRTIDA

SELVA TROPICAL

LAS ÁREAS de selva tropical se encuentran cerca del Ecuador, en regiones de clima cálido y alta pluviosidad durante todo el año. Las mayores extensiones de selva se encuentran en África Central, América del Sur, Sudeste asiático y en la isla de Madagascar. También encontramos zonas selváticas menos extensas en Australia y América Central.

La selva tropical es el medio ambiental más rico de todos en lo que se refiere a fauna y flora. En nuestros días, se están deforestando amplias extensiones de selva para abastecer a la industria maderera y con el fin de utilizar los espacios para la agricultura, carreteras, canteras y nuevas poblaciones.

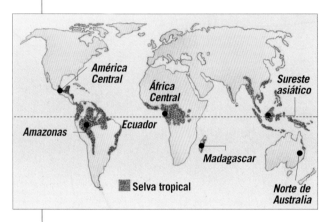

La selva está formada por diferentes alturas al igual que los pisos de un rascacielos. En el nivel más alto está la capa emergente formada por los árboles más altos, algunos de los cuales pueden alcanzar 70 metros de altura. Ésta es una zona luminosa y ventosa; aquí es donde se adentran los pájaros y murciélagos para alimentarse de insectos, frutas y flores.

Hay millones de insectos en la selva tropical. Muchas clases no se han identificado todavía. Algunos, como esta mariposa ala de pájaro, crecen hasta alcanzar un tamaño enorme.

Los lémures habitan en la selva oriental de Madagascar. Saltan de árbol en árbol con sus largas patas buscando comida por el suelo.

Debajo de esta capa se encuentra la capa de cobertura, un tapiz frondoso de ramas y follaje; aquí crecen, bajo la templada luz del sol, frutas y flores de las que se alimentan muchos animales.

Más abajo todavía, hay una zona sombría, conocida como capa media; aquí los animales saltan, escalan o planean entre los árboles. Las plantas pequeñas no pueden sobrevivir en la oscuridad de la selva, por lo que se enraízan en restos de materia descompuesta que se encuentra entre las ramas utilizando a los árboles como soporte para acercarse a la luz del sol.

El mandril, un tipo de babuino, vive en el suelo de la selva centroafricana.

A través de la gruesa capa de cobertura no llega apenas luz al suelo de la selva. El ambiente es oscuro y calmo y la vegetación del suelo escasa. La vegetación sólo puede crecer en algún claro creado por la caída de algún árbol o a lo largo de los márgenes de los ríos, donde pueden encontrar luz suficiente para crecer.

La selva amazónica es la más extensa del mundo. Es la morada del jaguar, que caza grandes mamíferos, tales como pecaries, tapires y el habitante del río de nueve metros de longitud: la anaconda.

CLAVE
1 *Águila harpía*
2 *Mono aullador*
3 *Tucán*
4 *Mariposa tropical azul*
5 *Anaconda*
6 *Tapir*
7 *Guacamayo escarlata*
8 *Jaguar*

El follaje de los árboles cae constantemente sobre el suelo de la selva formando una capa de materia vegetal putrefacta. Los insectos que viven y se alimentan de ella la descomponen rápidamente y la convierten en una rica fuente de nutrientes para las raíces de los árboles. A su vez, los pájaros y animales que viven en la selva, como roedores y lagartijas, se alimentan de insectos. De estos pequeños animales, se alimentan los grandes depredadores, como serpientes y gatos que acechan en las ramas bajas de los árboles para abalanzarse sobre su desprevenida presa.

La mayor parte de la vida salvaje de la selva amazónica se encuentra cerca del río.

Los grandes animales herbívoros, como elefantes y gorilas también alimentan el suelo de la selva tirando el follaje de las ramas más bajas. Los ríos llenos de peces recorren la selva y son fuente de alimento y agua para muchos animales. Algunos, como el capibara, saltan al agua para escapar de los depredadores.

LA CAPA DE COBERTURA

L A CAPA DE COBERTURA es donde habitan la mayoría de las aves, insectos, monos
y otros pobladores de la selva. Muchas plantas, llamadas epífitas, crecen en el musgo acumulado en
las ramas. Esta fotografía es
de la selva del sudeste
asiático.

Los pájaros comedores de
insectos, como los
vencejos y los abejarucos
se posan en las ramas más
altas preparados para
lanzarse sobre sus presas
y capturarlas en el aire. El
pesado búcero se posa en
las ramas más bajas y se
alimenta de frutas.

CLAVE
1 Vencejo
2 Vencejo arborícola
3 Abejaruco
4 Búcero
5 Colugo
6 Gibón siamang
7 Murciélago frugífero
    o de fruta
8 Gran mariposa memnón
9 Guacamayo azul

El ciclo anual de suministro de frutas y flores proporciona un festín a los murciélagos. Al mismo tiempo que se alimentan con el néctar de las flores, participan en el proceso de polinización. Transportan el polen, que se fija a su piel, de flor en flor.

La capa de cobertura de la selva tropical está llena de color, no sólo del que ofrecen las flores y frutas, sino de los animales de colores brillantes.

Mariposas tan grandes, que pueden confundirse con pájaros, mueven sus alas entre los árboles. Grupos de ruidosos loros ofrecen pinceladas de color variadas.

El ramaje continuo de la capa de cobertura hace que muchos animales no desciendan casi nunca al suelo. Encuentran comida de sobra en forma de frutas, hojas, insectos y otras pequeñas presas. Para moverse de rama en rama, los colugos extienden las membranas de piel que tienen a lo largo del cuerpo y planean. Los gibones tienen los brazos muy largos y fuertes y manos y pies prensiles. Se balancean de rama en rama colgándose de los brazos con un movimiento conocido como braquiación.

LA VIDA DEL RÍO AMAZONAS

EL RÍO AMAZONAS tiene miles de afluentes que fluyen a través de la selva. Algunos de estos canales son anchos y profundos, y otros estrechos y poco profundos, llenos de hojas caídas, ramas y raíces de árboles al descubierto. Está inundado de peces entre los que encontramos depredadores, como la célebre piraña, la anguila eléctrica y la arawana, que salta fuera del agua para capturar insectos o incluso pájaros.

CLAVE
1 Pirañas
2 Anguila eléctrica
3 Polla de agua
4 Liebre rayada
5 Arawana
6 Colibrí
7 Mariposa postman
8 Bromelia
9 Pez ángel
10 Ara jacinto
11 Mariposa pavo real
12 Martín pescador del Amazonas
13 Cárabo
14 Araña comedora de pájaros
15 Hormiga cortadora de hojas
16 Ave sol
17 Piracucú o pez rojo gigante

El río es el campo de caza de pájaros, como la polla de agua y el ave sol. La polla de agua puede andar entre las plantas que flotan sin hundirse. El ave sol camina entre las aguas poco profundas y embarradas buscando con su largo pico insectos y pequeños peces. El martín pescador del Amazonas se sienta en una rama sobresaliente y, en un instante, se zambulle en el agua y atrapa un pez.

Los afluentes del río también suponen una fuente rica de alimentos y agua para los animales que habitan en la tierra y las personas del Amazonas. Durante la estación lluviosa se inundan vastas áreas de selva. Los peces nadan entre los troncos de los árboles. Algunos animales, como por ejemplo el capibara, la anaconda o el jaguar son buenos nadadores y consiguen fácilmente el alimento. Otros animales, como monos, iguanas y osos hormigueros, viven en los árboles durante las inundaciones.

LOS MANGLARES

L A SELVA de los manglares se encuentra al refugio de las costas tropicales. Se forma en lugares como los estuarios de los ríos, donde el flujo de agua salada deposita lodo y otros sedimentos, dando como resultado una tierra pantanosa. Las raíces de los árboles del manglar se inundan de agua salada cuando sube la marea. Para evitar ahogarse, tienen un sistema de raíces que se eleva por encima de la línea del agua. Esto les permite respirar y ofrece soporte al resto del árbol. Esta maraña de raíces retiene lodo rico en nutrientes que sirve de alimento para muchas especies animales.

Los árboles y la vegetación de los manglares son el hogar de numerosos insectos, mientras que muchas especies de peces nadan entre la maraña de raíces de las aguas poco profundas. Cangrejos, caracoles y otras criaturas escarban y se arrastran por el lodo. Estos animales son alimento para las ranas y una gran variedad de pájaros. Muchas especies de monos trepan entre los árboles alimentándose de hojas y frutas, observados constantemente por depredadores más grandes, como serpientes y cocodrilos que se deslizan por el agua o descansan en las marismas.

El escarabajo violinista rebusca en el lodo de la orilla. Utiliza sus garras para atraer a la pareja y para amedrentar a sus rivales. En las aguas poco profundas, el pez arquero escupe un chorro de agua a los insectos o arañas posados en hojas situadas en la superficie, haciéndolos caer al agua.

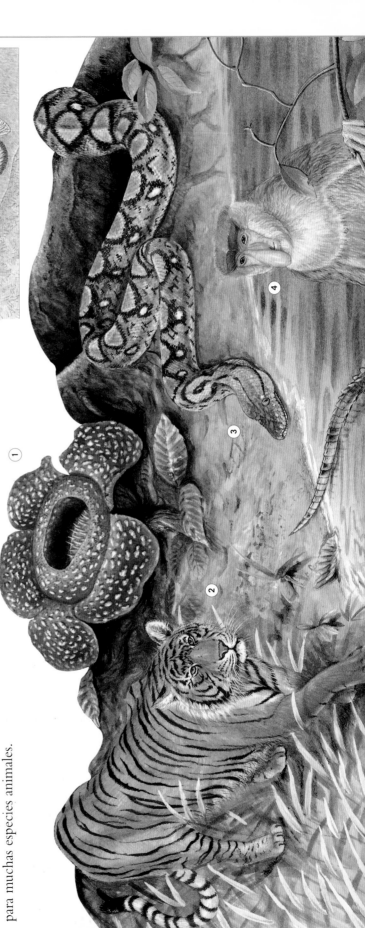

En el fango que se forma entre las mareas, un pez que lleva vida anfibia, llamado saltarín del fango, brinca con sus aletas. Respira gracias al agua que almacena en una cámara cerca de sus agallas y cogiendo oxígeno a través de la piel. Durante la marea alta, muchos de estos peces se refugian bajo el lodo en sus madrigueras. Los que se quedan sobre el suelo, trepan a los árboles para evitar a los depredadores.

En la costa del sudeste asiático, la selva se mezcla con las ciénagas del manglar. Las aves zancudas, como las cigüeñas, se alimentan de cangrejos y peces. Los pájaros pequeños se alimentan de insectos y caracoles. El mono narigudo (llamado así por la larga nariz encorvada de los machos o trompa) trepa entre los árboles. Podría nadar por las zonas inundadas de la selva, pero debe tener cuidado con los tigres hambrientos, los cocodrilos y las serpientes gigantes.

CLAVE
1 *Rafflesia*
2 *Tigre*
3 *Pitón reticulado*
4 *Mono narigudo*
5 *Ave hormiguero*
6 *Gavial*
7 *Cigüeña blanca*
8 *Saltador del barro*

LA SABANA

CLAVE
1 Elefante
2 Guepardo
3 Ñu
4 Jirafa
5 Gacela de Thomson
6 Cebra
7 Cigüeña marabú
8 Hiena
9 Jabalí
10 León

LAS PRADERAS de la sabana se encuentran cerca del ecuador, fuera del cinturón de la selva tropical. La extensión de sabana más amplia y conocida está en África, aunque también la podemos encontrar en algunas zonas en América del Sur,

India y norte de Australia. En la sabana predomina la hierba, aunque el paisaje está salpicado con algunos árboles y arbustos. El clima es cálido, con una estación seca y otra húmeda.

Las vastas extensiones de hierba de la sabana africana mantienen a una gran variedad de animales que se alimentan de los pastos, como el ñu, la cebra y la gacela. Otros animales, como los elefantes, las jirafas y el rinoceronte negro, se alimentan de vegetación de los árboles y arbustos. Ambas clases de herbívoros evitan la competencia por la comida alimentándose en diferentes niveles. La jirafa con su cuello largo y el elefante con su trompa alcanzan las ramas más altas, mientras que los animales más pequeños se alimentan en niveles más bajos. Entre los que se alimentan de pastos, las cebras y los búfalos desnudan los brotes de hierba más altos y bastos. El ñu se alimenta con la frondosa capa inferior, y deja los brotes tiernos de la base para las gacelas.

La mayoría de los animales herbívoros de la sabana viven en manadas para protegerse contra los depredadores. Se desplazan de un lugar a otro en busca de alimento y agua. Cuando comienza la estación seca, migran en enormes masas, de los pastos del sur a zonas más húmedas al norte y al este.

CAZADORES Y CARROÑEROS

Las manadas de animales herbívoros sirven de alimento para muchos animales carnívoros de la sabana, incluyendo leones, leopardos, guepardos, hienas y perros salvajes. Los más grandes pueden cazar herbívoros muy grandes, como ñus. Los más pequeños son cazadores menos poderosos, y se alimentan de antílopes, gacelas, roedores y otros animales pequeños. Las aves rapaces se lanzan en picado sobre sus presas desde el cielo o las copas de los árboles.

Cuando los cazadores han comido hasta hartarse llegan los carroñeros. Las hienas cazan sus propias presas y además se alimentan de los restos ajenos. Gracias a sus fuertes mandíbulas pueden triturar incluso huesos. Los buitres localizan el cadáver volando en círculos y cuando bajan a comer llaman la atención de otros carroñeros, como la cigüeña marabú y el chacal. Moscas y escarabajos acaban con las sobras.

Los insectos son importantes en la vida de la sabana, especialmente en este proceso de limpieza. El escarabajo del estiércol elimina el excremento animal: lo utiliza como alimento y para poner sus huevos. Las termitas llevan a sus nidos materia vegetal muerta donde cultivan hongos para alimentarse.

Entre los mayores depredadores de la sabana se encuentran los leones. Una manada de leones está compuesta por hembras y sus crías. A la cabeza hay un macho o grupo de machos emparentados. Las hembras realizan casi toda la caza mientras los machos defienden el territorio. A menudo, los machos rivales pelean por el control de una manada.

LOS DESIERTOS

LOS DESIERTOS son uno de los lugares más inhóspitos de la tierra. La lluvia es muy escasa o ausente y el calor, a menudo, abrasador. Algunos desiertos, especialmente los cercanos al ecuador, son calurosos durante todo el año, con temperaturas que pueden alcanzar los 50°C. Otros, como el desierto del Gobi, en Mongolia, son fríos y están azotados por el viento. Allí, las montañas actúan de barrera contra las corrientes húmedas y templadas. Las temperaturas pueden bajar hasta los −20°C en invierno.

Muchos desiertos son páramos rocosos, con zonas de escaso monte bajo, donde sólo pueden crecer las plantas más fuertes. Como las plantas necesitan agua para sobrevivir, tienen que almacenar toda la que puedan. Los cactus y otras plantas del desierto han adaptado la forma de realizar la fotosíntesis: sólo abren sus estomas o poros durante el frescor de la noche para absorber dióxido de carbono. Sus tallos gruesos e hinchados también ayudan a evitar la pérdida de agua. Otras plantas del desierto almacenan la mayor parte del agua en el sistema de raíces, bajo tierra, fuera del alcance de los rayos del sol.

Algunos de los desiertos cálidos son de arena. El viento la arrastra formando dunas, montañas de arena enormes parecidas a las olas. En este árido páramo la arena es demasiado inestable para mantener vida vegetal. Algunas veces, mana una fuente y se crea un oasis. Junto a este manantial

En los desiertos de América del norte crecen cactus que pueden llegar a medir 15 m de altura. Los pequeños mamíferos salen por la noche de sus madrigueras para alimentarse, pero pueden ser presa de lagartijas o serpientes más grandes. Los caballos salvajes vagan por el desierto, buscando pozos para beber.

CLAVE
1 *Caballos salvajes*
2 *Zorro veloz*
3 *Cuco terrestre californiano*
4 *Crótalo cornudo*
5 *Pájaro carpintero de Gila*
6 *Cactus saguaro*
7 *Monstruo de Gila*
8 *Rata canguro*
9 *Escorpión*

La escarchada es un tipo de planta del desierto sudafricano. Tiene unas hojas muy gruesas con la superficie encerada para evitar cualquier posible pérdida de agua, por lo que puede almacenar gran cantidad de agua en sus hojas. Vive entre rocas, absorbiendo cada gota que se filtra por las grietas. Para defenderse de los animales sedientos, estas plantas han desarrollado unas formas y colores de tal modo que cuando no están en flor son muy parecidas a las rocas que las rodean.

El antílope addax, del desierto del Sahara, tiene la piel de color claro para reflejar el calor. Su sistema digestivo está preparado para admitir pastos bastos y muy poca o nada de agua.

las plantas pueden crecer y las personas vivir. A pesar del paisaje estéril, podemos encontrar una gran variedad de vida animal en el desierto. Los mayores problemas a los que se enfrentan estos animales son el calor y la escasez de agua. Los pequeños mamíferos, como la rata canguro, y ardillas de campo pasan el día refugiados del calor bajo tierra y salen en búsqueda de comida sólo durante la noche. Los reptiles, sin embargo, necesitan calentarse al sol antes de sentirse suficientemente activos para cazar, por lo que no se alimentan durante la noche.

En las horas de mayor calor se refugian en madrigueras y se calientan bajo el sol y comen por la mañana temprano y al final de la tarde.

Algunos mamíferos más grandes, como los camellos, poseen un grueso pelaje en el lomo para protegerse del calor y otro más fino en el vientre para expulsar el exceso de calor. Pueden almacenar agua en su cuerpo, por lo que necesitan beber pocas veces para sobrevivir. Algunos carnívoros toman el agua que necesitan de los alimentos. Las aves vuelan largas distancias en su búsqueda.

Los campos de brezo en flor rodean el desierto de monte bajo o la zona despoblada de Australia, donde la zarigüeya de la miel sorbe néctar de las flores con su lengua en forma de cepillo.

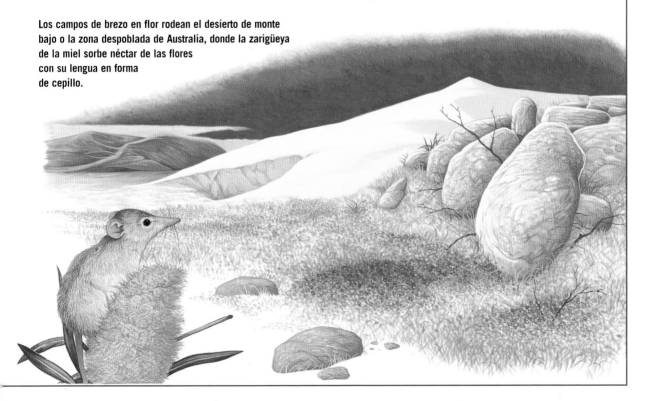

LAS PRADERAS

L AS ZONAS de praderas se encuentran en el interior del continente, lejos de las corrientes frías y húmedas de las zonas costeras. Por ello, tienen un clima seco y templado en verano, pero soportan inviernos muy fríos. Debido a la falta de lluvias durante el verano, las hierbas resistentes forman la mayoría de la vida vegetal, también se pueden encontrar árboles que recogen agua durante la primavera. Las estepas de Asia, y las praderas y pampas de América del Norte y del Sur se denominan llanuras, mientras que la sabana africana y australiana, grasslands; estas últimas, al tener un clima tropical, tienen más árboles.

Los eucaliptos (*derecha*) se encuentran en las praderas de Australia. En condiciones de calor y sequía, muchos árboles son destruidos por el fuego, pero éstos son capaces de repoblarse rápidamente partiendo de brotes en estado latente que tienen almacenados en su corteza.

Animales de las praderas de los cuatro continentes (*abajo*). El antílope pronghorn de América del Norte, el avestruz de África y el canguro de Australia dependen de su velocidad para escapar de los depredadores. El armadillo de América del Sur se protege con una armadura blindada.

Antílope

Armadillo

Canguro gris

Avestruz

Los árboles baobas de África (*debaj*o) sobreviven a la estación seca almacenando agua dentro de su enorme tronco con forma de botella. Su circunferencia puede llegar a medir 50 m.

Las praderas de todo el mundo son un medio ideal para los animales herbívoros, desde el enorme bisonte hasta los pequeños roedores. Los animales que se alimentan de pastos son presa de los lobos, coyotes, zorros y otros miembros de la familia de los perros. Incluso los rápidos canguros son víctimas de jaurías de perros salvajes llamados dingos. Los pequeños herbívoros, como conejos o perros de la pradera, son presa fácil para grandes cazadores, pero también son cazados por comadrejas, tejones y aves rapaces.

Durante los meses templados de verano crecen en las praderas nuevas clases de plantas, flores y pastos que atraen a numerosos insectos. Este hecho provee de más alimento a los pequeños mamíferos, como las ardillas de campo y a animales, como el armadillo, que se alimentan principalmente de insectos.

En los últimos cien años aproximadamente, los humanos han destruido grandes extensiones de pradera. Esto es más evidente en América del Norte, donde las praderas han sido enormemente dañadas y reducidas de extensión por la ganadería y la agricultura. El bisonte norteamericano y sus parientes europeos fueron cazados casi hasta su extinción.

EL SUBSUELO

En la pradera abierta, donde hay muy pocos lugares para esconderse, los animales más grandes se protegen viviendo en manadas; otros confían en su velocidad para escapar del peligro, pero para los animales más pequeños, la mejor defensa es vivir bajo tierra. Los conejos, ardillas de tierra y las cobayas escarban redes de agujeros y túneles que utilizan para dormir, escapar de los depredadores y mantener seguras a sus crías. Cuando cavan remueven la tierra mezclando los nutrientes y así colaboran en mantener sana la pradera.

Los perritos de la pradera, de la familia de la ardilla de tierra, habitan en las praderas de América del Norte en colonias que pueden alcanzar centenares de individuos. Cuando se alimentan en la superficie ladran ante la menor sospecha de que hay un depredador cerca, como un coyote o un ave rapaz. El mochuelo excavador y las serpientes de cascabel, aprovechan las madrigueras abandonadas por estas ardillas.

LOS BOSQUES TEMPLADOS

S E ENCUENTRAN en zonas de clima templado, con veranos cálidos e inviernos fríos. En Europa occidental, en la parte oriental de EE.UU. y en Asia oriental, la mayoría de los bosques son de hoja caduca. Durante el invierno,

Otoño en los bosques de hoja caduca europeos (*debajo*). Los erizos y lirones se alimentan antes de hibernar, mientras las ardillas y los arrendajos almacenan frutos secos para el invierno. Los búhos y los zorros buscan presas.

CLAVE
1 *Ardilla roja*
2 *Pájaro carpintero*
3 *Búho leonado*
4 *Lirón*
5 *Corzo*
6 *Ardilla gris*
7 *Arrendajo*
8 *Tejón*
9 *Conejo*
10 *Armiño*
11 *Mirlo*
12 *Herrerillo*
13 *Zorzal*
14 *Zorro*
15 *Erizo*

pierden sus hojas y detienen el crecimiento. Esto les permite conservar agua y sobrevivir al frío. Más al norte, en el bosque boreal de Rusia y América del Norte, están las coníferas. Estos árboles tienen hojas aciculares, parecidas a las agujas, y forma cónica, lo que hace que la nieve resbale antes y no rompa las ramas.

Las plantas y animales que habitan el bosque tienen que sobrevivir al invierno. El alimento se vuelve escaso, las plantas mueren y las semillas y frutos escasean. Algunos animales hibernan en refugios en los árboles, agujeros o madrigueras bajo tierra y no se mueven hasta la primavera. Otros almacenan comida suficiente durante el otoño para todo el invierno.

En comparación con el denso techo de la selva tropical, la capa de cobertura de un bosque de hoja caduca permite el paso de luz, lo que facilita el crecimiento de una capa gruesa y variada de vegetación. En las zonas húmedas, los árboles están cubiertos de musgo verde.

Durante el otoño, las hojas caídas forman sobre el suelo una gruesa capa que es utilizada por insectos, gusanos y pequeños mamíferos para hibernar. Sin embargo, es un lugar peligroso porque allí excavan depredadores como los zorros. En la primavera, los insectos y otros invertebrados se alimentan de las hojas putrefactas, descomponiéndolas en nutrientes que alimentan a las plantas.

BOSQUES DE CONÍFERAS

Las hojas de las coníferas se desprenden a lo largo de todo el año, pero son reemplazadas continuamente. Las hojas que caen al suelo tardan mucho en descomponerse porque los gusanos y otros invertebrados descomponedores las encuentran repulsivas. Por tanto, se acumulan formando una gruesa capa de restos vegetales que dejan el suelo ácido y pobre.

Los pájaros y mamíferos se alimentan de bayas y hongos. El piquituerto común tiene su pico adaptado para abrir piñas y alcanzar las nutritivas semillas de su interior. Las coníferas ofrecen a los animales cobijo durante el invierno.

Tiempo atrás, los bosques cubrían amplísimas extensiones en Europa, América del Norte y Asia. Gran parte de los bosques de árboles de hoja caduca se han talado para aprovechar su suelo fértil para la agricultura. Todavía quedan bosques de coníferas con un suelo pobre, en Asia y América del Norte.

Los extensos bosques de coníferas rusos se denominan taiga. Durante el invierno, los alces, los renos y otros animales que durante el corto verano se alimentan más al norte, en la tundra, se refugian en el bosque, abandonando la nieve, para alimentarse de musgos. El lince y el azor apresan pequeños mamíferos. El oso marrón hiberna hasta la primavera.

CLAVE
1 *Azor*
2 *Alce*
3 *Oso marrón*
4 *Reno*
5 *Lince*
6 *Piquituerto*

Un bosque puede parecer un lugar tranquilo, pero si se estudia con atención, es tan dinámico como una colmena. El bosque de hoja caduca es muy activo durante la primavera y los meses de verano. Los insectos y sus larvas se alimentan con los brotes nuevos de los árboles y las hojas del suelo, las cuales descomponen y convierten en una rica mezcla de nutrientes. Las abejas y las mariposas vuelan entre las flores para tomar su néctar. Las abejas, mientras se alimentan, transportan el polen de flor en flor, ayudando a éstas a reproducirse. Las aves y los mamíferos colaboran en la reproducción cuando se alimentan de frutas y evacuan las semillas en el suelo.

Los gusanos se alimentan del subsuelo que remueven. Los topos y otros depredadores, cavan el subsuelo con sus patas en busca de presas. Las hormigas dejan sus cámaras subterráneas para buscar comida en la superficie.

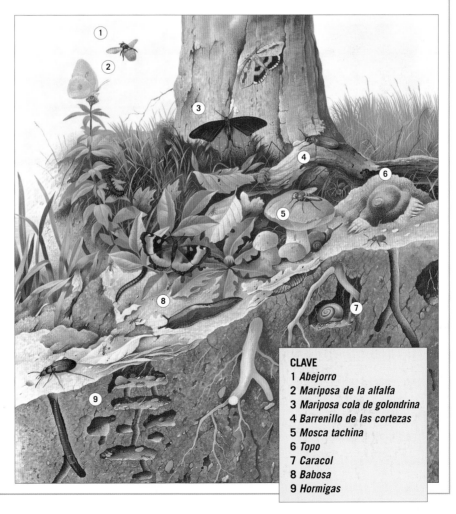

CLAVE
1 *Abejorro*
2 *Mariposa de la alfalfa*
3 *Mariposa cola de golondrina*
4 *Barrenillo de las cortezas*
5 *Mosca tachina*
6 *Topo*
7 *Caracol*
8 *Babosa*
9 *Hormigas*

LA VIDA EN EL RÍO

EN LOS RÍOS se encuentra una proporción muy pequeña del agua de la tierra, pero son hábitats muy importantes para muchas clases de animales. En sus manantiales, normalmente en las montañas, las corrientes son muy rápidas y las plantas no pueden enraizar en su lecho. El mayor aporte de alimento para los invertebrados, como caracoles de agua, sanguijuelas y larvas de mosca, procede del material vegetal en descomposición que es arrastrado por la corriente de la vegetación que sobresale de las márgenes y filtrado por los invertebrados cuando trepan al lecho rocoso del río. Las aves y los peces que nadan con fuerza, se alimentan de invertebrados.

Más abajo, la pendiente es menor y el río se hace más lento. El barro y cieno se acumula en el fondo del río y forma un lecho que permite enraizar a las plantas. Los gusanos y los caracoles se refugian en el lodo; los insectos y sus larvas se alimentan de las plantas y algas que crecen en ellas. Todos son presa de los peces y las ranas. Las plantas también ofrecen protección contra los depredadores a los pececillos recién salidos del huevo, anfibios e insectos.

Este río europeo que discurre lentamente está repleto de vida. Las libélulas cazan pequeños insectos sobre la superficie y las garzas y las nutrias pescan.

CLAVE

1 *Martín pescador*	*(chinche acuática)*
2 *Nutria*	
3 *Mosquitero real*	12 *Tritón*
4 *Mosca de la piedra*	13 *Escorpión de agua*
5 *Libélula*	14 *Huevas de sapo*
6 *Libélula odonata*	15 *Perca*
7 *Polla de agua*	16 *Caracol de agua dulce*
8 *Campañol*	17 *Escarabajo buceador*
9 *Garza real*	18 *Espinoso*
10 *Rana*	19 *Langosta de río*
11 *Barquero*	

Los salmones nacen en el río y nadan hasta el mar. Vuelven a su lugar de nacimiento para poner sus huevos, nadando y saltando río arriba en contra de la corriente.

Muchos de los peces de las zonas lentas de los ríos son una fuente de alimento para los depredadores. Grandes peces, como el lucio en Europa, patrullan las aguas en busca de pequeños peces. Las aves vuelan rozando la superficie en busca de insectos, se sumergen en el agua o caminan por el lecho del río, utilizando sus picos para capturar a las presas.

Las márgenes del río proporcionan refugio a muchos animales. Los campañoles y otros pequeños mamíferos construyen sus madrigueras por encima del nivel del agua. Los pájaros construyen sus nidos entre los altos cañaverales y los juncos que a menudo crecen en las aguas poco profundas.

ESTANQUES Y LAGUNAS

Las aguas inmóviles de los estanques y lagunas son ideales para las algas, plantas microscópicas flotantes que comen animales microscópicos llamados zooplancton, que a su vez son alimento para insectos, caracoles y pececillos.

El escarabajo buceador vive en los estanques. Agarra a sus presas con sus patas delanteras, entre las que incluso se hallan pececillos.

Los mayores depredadores de los estanques pequeños son las ranas y los tritones y de los estanques más grandes, los peces. Las plantas acuáticas grandes enraízan en el suelo del fondo. Las larvas de insecto las usan como una escalera para salir a la superficie, donde emergen cuando son adultos.

Los humedales se forman en los bordes de los lagos, en las desembocaduras de los ríos y en terrenos inundados. Son fértiles y están muy amenazados, ya que son idóneos para la agricultura o la construcción.

Los Everglades de Florida, EE.UU. (*derecha*) son una marisma. La altura del cañaveral domina el terreno inundado de troncos de árboles. Los flamencos y otras aves zancudas se alimentan en las zonas poco profundas, mientras los caimanes rondan aguas más profundas.

CLAVE
1 *Milano del Everglade*
2 *Flamenco*
3 *Caimán*
4 *Espátula*
5 *Conejo cola de algodón*
6 *Mocasín acuático*
7 *Mapache*
8 *Rana arbícora*
9 *Tarpón*

CLAVE
1 *Yak*
2 *Leopardo de las nieves*
3 *Íbice del Himalaya*
4 *Pica*

Las cumbres de la cordillera montañosa del Himalaya, en el sur de Asia, son rocosas y están cubiertas de nieve. Las crestas más altas son el territorio de animales de paso firme, como el íbice del Himalaya. El íbice es la presa del leopardo de nieve. Éste tiene una gruesa capa de pelo blanco que lo camufla en la nieve, incluso sus zarpas están cubiertas de pelo. Las picas, pequeños animales parecidos a los conejos, también pueden ser víctimas de los leopardos de nieve si se descuidan y no son suficientemente ágiles y veloces para escapar.

El animal más grande del Himalaya es el yak, que también posee una gruesa capa de pelo y pelo más largo en la parte alta. Este pelaje les mantiene tan calientes que en verano van a lo alto de las montañas.

LAS MONTAÑAS

LAS MONTAÑAS más altas están cubiertas de nieve durante todo el año. Las que se encuentran en regiones tropicales, como el Kilimanjaro en África, pueden tener bosques cálidos y estar cubiertas de vapor en su falda y temperaturas bajo 0°C en las cumbres durante la noche. En las grandes altitudes la luz del sol es muy intensa, hay vientos fuertes y fríos y falta de oxígeno en el aire.

A pesar de esos peligros, las montañas pueden albergar una gran variedad de vida. Tanto la flora como la fauna se han adaptado a vivir en estas condiciones tan duras. Algunas especies se han desarrollado aisladas: las plantas no son capaces de propagar sus semillas suficientemen-te lejos para alcanzar otras montañas y los animales no pueden emigrar de una montaña a otra debido al calor intenso de las zonas bajas.

Las faldas de las montañas suelen ser boscosas, pero más arriba, los árboles dejan paso a un terreno de malezas y rocas, expuesto al viento. Las plantas que florecen y crecen allí son bajas y fuertes, y capaces de conservar la mayor cantidad de agua posible azotadas por vientos secos. Cerca de la cima sólo pueden crecer los tipos de planta más resistentes, como líquenes y musgos. Con la llegada de la primavera, la nieve que cubre la mayor parte de la montaña se derretirá y crecerán nuevas plantas.

Los insectos abundan en la montaña durante los meses templados de verano; la mayoría de ellos son incapaces de volar, ya que los fuertes vientos podrían barrerlos. Los insectos y arañas sobreviven incluso en las zonas nevadas de los picos más altos. Se alimenta de insectos congelados que han llegado desde las zonas más bajas arrastrados por el viento.

Pequeños mamíferos, como la pica asiática, o el conejo africano viven entre las rocas que sobresalen o en madrigueras para protegerse del frío y del viento. Algunos hibernan durante el invierno. Los animales más grandes tienen una capa gruesa de piel o lana para protegerse del frío. La cabra, la oveja, y otros animales que se alimentan de pastos, habitan las altitudes más altas. Con sus ágiles patas son capaces de superar incluso las pendientes más traicioneras y peligrosas; son presa de lobos, leopardos de nieve, pumas o leones de montaña.

Sólo las águilas y otras aves rapaces con mucha fuerza en su vuelo son capaces de resistir los vientos de la cima de las montañas; se elevan con las corrientes de aire y descienden en picado para apresar roedores y pequeños mamíferos.

El cóndor andino (*arriba*) sobrevuela los Andes, cordillera montañosa de América del Sur. Esta ave es una de las más grandes del mundo; puede volar varios kilómetros sin mover las alas. La carroña constituye la base de su dieta, remonta el vuelo en su búsqueda. Entre las cumbres (*abajo*), encontramos mesetas cubiertas de hierba recorridas por los guanacos, animales salvajes semejantes a la llama.

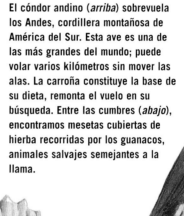

EL ÁRTICO

LA MAYOR PARTE del océano Ártico está cubierta durante todo el año con una capa gruesa de hielo flotante. En sus bordes, trozos de hielo desprendido, llamados bancos de hielo, navegan a la deriva por las aguas heladas. Durante el verano parte del hielo se quiebra y se deshace formando caminos y extensiones de agua.

No puede crecer ninguna planta en el hielo del Ártico, la vida está en las aguas que lo rodean. Durante el verano, los días se hacen más largos y el sol templa un poco el agua. En estas condiciones el fitoplancton, material microscópico que flota en el agua, crece y se multiplica rápidamente, ofreciendo alimento a millones de animales microscópicos llamados zooplancton.

Con el incremento de zooplancton, muchos migran al Ártico durante el verano para explotar esta rica fuente de alimento. Peces, calamares, aves y hasta ballenas gigantes se alimentan de zooplancton. El favorito es un tipo de quisquilla llamada krill. Las focas atrapan peces y las morsas, con sus sensibles bigotes, buscan crustáceos y cangrejos en el lecho del mar. El depredador más grande es la ballena asesina, que se alimenta de peces y focas. Mientras, el enorme oso polar deambula por el hielo. Su pelaje blanco es un camuflaje perfecto para sorprender a las focas cuando emergen por los agujeros que hacen en el hielo para respirar.

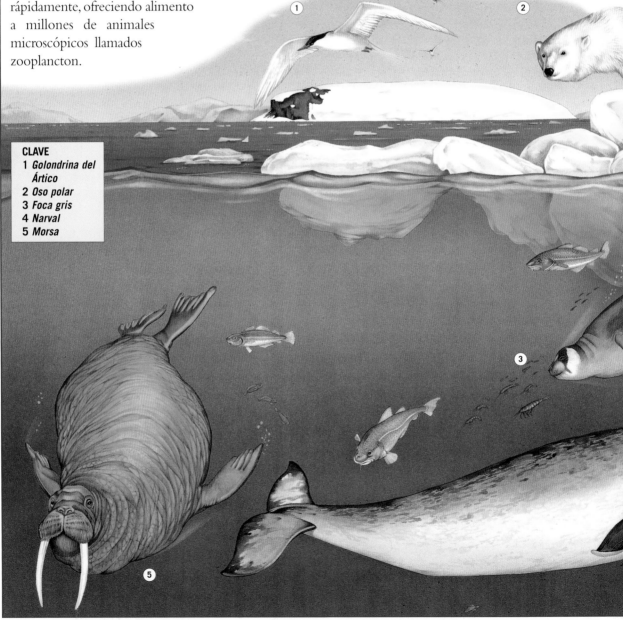

CLAVE
1 *Golondrina del Ártico*
2 *Oso polar*
3 *Foca gris*
4 *Narval*
5 *Morsa*

Durante el invierno, la mayor parte de los océanos vuelve a congelarse y los días se hacen cortos y oscuros. El fitoplancton no puede crecer sin la luz solar. El zooplancton se sumerge en las profundidades del océano, donde se alimentan unos de otros o sobreviven gracias a las reservas de grasa que almacenaron durante el verano. La mayoría de los animales grandes migraron al sur en busca de nuevas fuentes de alimentación. Los osos polares se encuentran entre los que se quedan. Durante el invierno, deambulan por el hielo y las tierras cercanas o cavan guaridas en la nieve para protegerse del invierno polar. Las hembras tienen a sus crías en estas guaridas.

Muchas ballenas se reúnen en el océano Ártico durante el verano. El narval vive allí durante todo el año. Uno de los dientes del macho de narval es un colmillo en forma de espiral. Es posible que lo utilicen para luchar. Se alimentan de pescado, calamares, cangrejos y camarones.

LA TUNDRA

EL TERRITORIO que rodea el Ártico está deforestado y el suelo permanece siempre helado. Durante la mayor parte del año, esta región conocida como tundra es yerma y estéril. La vida, tanto animal como vegetal, es muy escasa. Sin embargo, durante el verano se deshiela la capa superior del suelo y crecen pequeñas plantas.

Manadas de caribús y renos (*arriba*, 1) migran de la taiga al sur para alimentarse de brotes nuevos. El hielo deshecho forma charcos cenagosos donde proliferan insectos que sirven de alimento para las aves migratorias. El lemming (2), un pequeño mamífero que pasa el invierno bajo la nieve, es presa de los zorros y lechuzas del Ártico (3).

LA ANTÁRTIDA

EL CONTINENTE antártico es una masa inmensa de terreno montañoso. La mayor parte está cubierta de una capa permanente de hielo que en algunas zonas puede alcanzar tres kilómetros de espesor. Es el lugar más frío del mundo. Durante el invierno, las aguas del océano Antártico, que bañan el continente, están cubiertas de fragmentos de hielo flotantes e icebergs que se han desprendido de la costa. Los vientos gélidos azotan la nieve del suelo formando una fuerte ventisca.

El único lugar donde pueden crecer las plantas en esta tierra estéril es a lo largo de la costa y alrededor de la península antártica. Incluso aquí, prácticamente sólo crecen musgos y líquenes en las rocas. No hay comida suficiente para alimentar a algo más grande que pequeños insectos, por lo que los animales de la Antártida se agrupan junto al litoral y en las islas, donde las aguas del océano ofrecen alimento en abundancia.

Durante el verano, las ballenas jorobadas migran cientos de kilómetros desde las zonas tropicales de reproducción y cría hasta la Antártida en busca de alimento.

Al igual que en el Ártico, la principal fuente de alimento es el plancton. El fitoplancton y zooplancton crecen en abundancia en la Antártida debido a las corrientes ricas en nutrientes y a las grietas hidrotermales que forman remolinos en las frías aguas. Hay multitud de peces que se alimentan de zooplancton. Incluso las ballenas migran a la Antártida para alimentarse de grandes cantidades de krill. La foca crangejera, a pesar de su nombre, es la única foca que se alimenta de krill.

Otras focas, y los pingüinos, se sumergen para capturar peces, mientras los albatros, la golondrina de mar, y otras aves, capturan el pescado de la superficie. Los pingüinos y las focas se alimentan y descansan en tierra firme, pero cuando regresan al agua están bajo el peligro de las ballenas asesinas y la feroz foca leopardo.

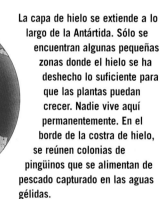

La capa de hielo se extiende a lo largo de la Antártida. Sólo se encuentran algunas pequeñas zonas donde el hielo se ha deshecho lo suficiente para que las plantas puedan crecer. Nadie vive aquí permanentemente. En el borde de la costa de hielo, se reúnen colonias de pingüinos que se alimentan de pescado capturado en las aguas gélidas.

La Antártida es el hábitat de diferentes clases de pingüinos. Los pingüinos pasan la mayor parte de su vida en el mar, salen hasta la orilla para criar en grandes colonias en el hielo. Los pingüinos emperador son los más grandes. Después de poner los huevos, las hembras vuelven al mar para alimentarse y los machos cuidan de los huevos, que acarrean entre sus patas para mantenerlos apartados del hielo. Cuando la temperatura es muy baja se aglutinan en grupos circulares. Seis semanas después, los polluelos rompen el cascarón, vuelven las madres y los padres pueden, al fin, alimentarse.

El pingüino adélie es el alimento favorito de la foca leopardo, que también se alimenta de crías de foca, incluso de su misma especie. Tienen tanto miedo de sus cazadores que cuando están en el borde del agua dudan sobre quién osará ser el primero en lanzarse.

Los animales de la Antártida están especialmente adaptados a sobrevivir en el hielo en condiciones de frío extremo y soportar vientos que superan los 200 kilómetros por hora. Poseen gruesos pelajes o plumajes y una capa de grasa que los mantiene calientes. Algunos insectos sobreviven gracias a su capacidad de congelarse durante el invierno y descongelarse durante el verano. Algunos peces poseen un anticongelante natural en su sangre.

LOS OCÉANOS

LOS OCÉANOS cubren más de 360 millones de kilómetros cuadrados de la superficie terrestre, aproximadamente un 71% de su área total. Contienen más de 1.350 millones de kilómetros cúbicos de agua, que representan cerca del 97% del suministro total de la tierra. Los océanos contienen sal suficiente para cubrir Europa con una capa de 5 kilómetros de profundidad. En la tierra hay cuatro grandes océanos que, ordenados por tamaño, son Pacífico, Atlántico, Índico y Ártico; algunos añaden un quinto, el océano Glaciar Antártico, que rodea la Antártida.

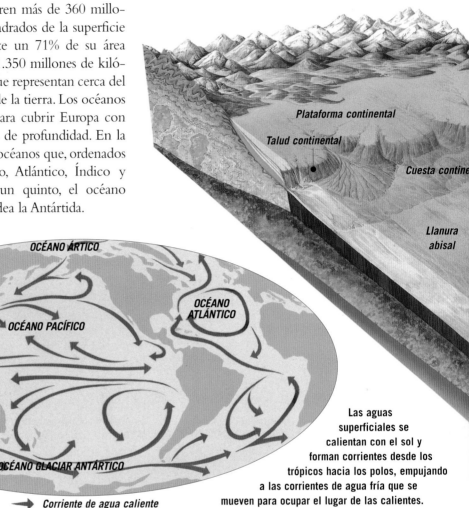

Plataforma continental

Talud continental

Cuesta contine

Llanura abisal

OCÉANO ÁRTICO

OCÉANO PACÍFICO

OCÉANO ATLÁNTICO

OCÉANO ÍNDICO

OCÉANO GLACIAR ANTÁRTICO

➤ *Corriente de agua fría*   ➤ *Corriente de agua caliente*

Las aguas superficiales se calientan con el sol y forman corrientes desde los trópicos hacia los polos, empujando a las corrientes de agua fría que se mueven para ocupar el lugar de las calientes.

Las aguas de los océanos no están inmóviles, las mueven las mareas y las corrientes. Las mareas mueven las aguas al impulsarlas la fuerza de gravedad de la luna. Las corrientes son grandes franjas de agua que fluyen alrededor del globo terráqueo. Las hay de dos modelos: corrientes superficiales, que son barridas por el viento, y corrientes profundas, que se generan por las diferencias de densidad, ya que cuanto más fría y salada es el agua, resulta más densa.

En el océano abierto las corrientes fluyen en el sentido de las agujas del reloj en el hemisferio norte y al revés en el hemisferio sur. Esto es debido a las fuerzas de Coriolis causadas por la dirección de rotación del planeta. Las corrientes tienen gran influencia en el clima. Por ejemplo, la corriente templada del Golfo ofrece inviernos suaves en el noreste europeo.

Un 20% de las especies de la tierra se encuentran en los océanos, de las cuales un 90% son especies de las profundidades y de las aguas poco profundas. La vida es escasa en la mayoría de las aguas oceánicas, especialmente en las zonas con una profundidad por debajo de los 1.000 metros, donde casi no hay luz.

Hay dos grandes hábitats oceánicos: el agua en sí misma o hábitat pelágico y el suelo oceánico, llamado zona bentónica. Ambos están subdivididos en bastantes zonas según la cantidad de luz solar que es capaz de filtrarse a través del agua. La mayoría de la vida se concentra entre la superficie y 200 metros de profundidad, donde se congregan plantas y plancton que proporcionan una rica fuente de alimento. Algunos animales sobreviven por debajo de los 4.000 metros en aguas oscuras y casi heladas.

EL FONDO MARINO

El fondo del océano es en gran parte liso, pero con algunos accidentes geográficos: cadenas montañosas, picos volcánicos, cordilleras o dorsales oceánicas, fosas profundas y altas plataformas en los márgenes de los continentes.

El terreno llano que forma la mayor parte del lecho marino se denomina llanura abisal. Se encuentra a una profundidad media de 4.500 metros y está cubierta por una gruesa capa de cieno formada por sedimentos marinos pelágicos, como barro, grava y billones de esqueletos de animales muertos que se acumulan en el fondo. La plataforma continental, el saliente que rodea la llanura abisal, desciende de forma relativamente escarpada al pie del talud continental. La plataforma continental es una parte del continente que se extiende bajo el océano. La profundidad del agua que se encuentra sobre esta plataforma nunca supera los 200 metros. La mayor parte de la vida oceánica se encuentra en estas aguas.

Nivel del mar

Montañas marinas

Isla oceánica

Dorsales centro oceánicas

Fosa

Magma ascendente

Llanura Abisal

El océano Pacífico, dos veces mayor que el Atlántico, cubre un tercio de la superficie de la Tierra.

Este corte rectangular del océano muestra los accidentes geográficos del fondo del mar. Las dorsales oceánicas medias recorren toda la Tierra, y están formadas de magma (rocas fundidas), que se expanden desde dentro de la corteza terrestre. Cuando se enfrían y solidifican emergen y ensanchan el suelo oceánico. Otras zonas del suelo oceánico se hunden gradualmente bajo los continentes formando fosas oceánicas, las zonas más profundas.

AGUAS SUPERFICIALES

E N LA SUPERFICIE del agua se encuentra la variedad de vida más rica de los océanos. La luz del sol se filtra a través del agua y permite crecer a las plantas. A diferencia de las plantas de tierra, las oceánicas no pueden enraizar en el suelo, sino que se desplazan a la deriva en forma de organismos microscópicos unicelulares: los fitoplancton. Utilizan la luz solar y nutrientes disueltos en el agua para alimentarse mediante el proceso de fotosíntesis.

El fitoplancton está formado en su mayor parte de material vegetal del océano, aunque una pequeña cantidad proviene de algas marinas y hierbas de las zonas poco profundas. Es capaz de desarrollarse rápidamente y forma la base de la cadena alimenticia del océano.

El fitoplancton es el alimento de unos animales microscópicos llamados zooplancton. Entre éstos incluimos las larvas de pez y pequeños animales de la familia de los cangrejos y los camarones, conocidos como copépodos. Utilizan las corrientes de la superficie para desplazarse a nuevas zonas de pasto. El plancton es más rico en aquellas zonas del océano donde

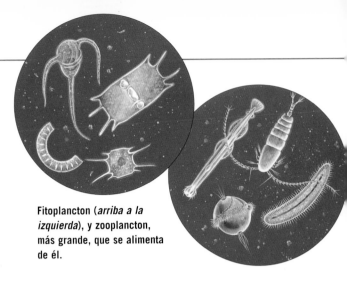

Fitoplancton (*arriba a la izquierda*), y zooplancton, más grande, que se alimenta de él.

los nutrientes se levantan del suelo empujados por corrientes o vientos, como en la plataforma continental.

En algunos océanos, la cantidad de plancton en el agua alcanza el máximo apogeo durante la primavera y el otoño.

Una gran variedad de animales oceánicos se alimenta de zooplancton. En un intento por pasar desapercibido, el zooplancton presenta unos diseños de color confuso, o incluso son transparentes. Los peces y los calamares son los principales depredadores del zooplancton y de bancos de pequeños peces que llegan en tropel a la superficie del agua. Éstos atraen a depredadores cada vez más grandes.

CLAVE
1 Albatros errante
2 Piquero pardo
3 Carabela portuguesa
4 Pez volador

Las aves marinas (*pág. anterior, abajo*) planean sobre las aguas del océano en búsqueda de peces. Algunas aves recogen con rapidez peces de la superficie con sus picos o con sus patas; otros, como el pájaro bobo, se sumergen para capturar a sus presas. Bajo la superficie, los atunes, los tiburones y otros grandes y veloces peces depredadores capturan peces más pequeños que también son víctimas de las tortugas marinas y de mamíferos marinos, como las focas, delfines y ballenas. Con tantos depredadores al acecho, muchos peces han cambiado sus diseños de color para camuflarse o han creado una piel espinosa o blindada para protegerse.

Los animales más grandes del mundo habitan en las aguas superficiales. Algunos de ellos se alimentan de criaturas microscópicas: el zooplancton. Las ballenas con barbas como la ballena azul o la ballena boreal y algunos tiburones, como el peregrino, toman grandes bocanadas de agua y filtran grandes cantidades de un zooplancton parecido al camarón llamado krill.

CLAVE
1 *Anchoas*
2 *Tarpón*
3 *Pez aguja*
4 *Calamar*
5 *Tortuga carey*
6 *Raya manta*
7 *Bonito rayado*
8 *Ballena*
9 *Lampuga*

En las aguas superficiales oceánicas se concentra la mayoría del suministro de alimento de los océanos.

ARRECIFES DE CORAL

LOS ARRECIFES de coral se encuentran en las aguas tropicales poco profundas que rodean las islas volcánicas o cerca de las costas rocosas de los continentes. Están formados por capas de esqueletos de animales microscópicos llamados pólipos. Las colonias de pólipos, a lo largo de muchos años, pueden construir bancos de coral grandiosos conocidos como arrecifes.

Existen muchas clases diferentes de coral. Sus colores brillantes hacen que un arrecife parezca un jardín bajo el mar. Sólo está coloreada la superficie viva del coral, las capas inferiores de pólipos muertos son blancas. La capa viva de pequeños pólipos se alimenta de zooplancton que circulan a la deriva.

Los arrecifes de coral están repletos de vida animal. Las algas, plantas microscópicas que discurren por las corrientes o viven en el coral, alimentan al zooplancton y a animales más grandes como peces y erizos. La estrella de mar corona de espinas y el pez loro se alimentan del propio coral. El arrecife está abarrotado de peces de colores brillantes. Algunos se alimentan de plancton, crustáceos y otras criaturas; otros, incluidos depredadores como tiburones, anguilas y barracudas, capturan peces más pequeños.

Al igual que los peces, las estrellas de mar y los erizos se alimentan de las algas que crecen en el coral. Éstos, de playas de arena, suelen encontrarse en los arrecifes.

CLAVE		
1 *Nautilos*	12 *Carácidos*	24 *Pez mariposa*
2 *Calamar*	13 *Pez ángel*	25 *Salmoperca*
3 *Lamprea*	14 *Pez mariposa*	26 *Pez espada*
4 *Pez ballesta*	15 *Estrella*	27 *Chavelita*
5 *Pez tigre*	*de mar*	28 *Pez mariposa*
6 *Caballito*	16 *Pez erizo*	29 *Medusa*
de mar	17 *Caballito*	30 *Esponja*
7 *Morena*	*de mar*	*tubular*
8 *Hacha*	18 *Merlo*	31 *Pez payaso*
de plata	19 *Mero*	
9 *Estrella de*	20 *Pez ballesta*	
mar	21 *Anémonas*	
10 *Pez ángel*	*marinas*	
11 *Pulpo*	22 *Coral cierva*	
	23 *Pez ángel*	

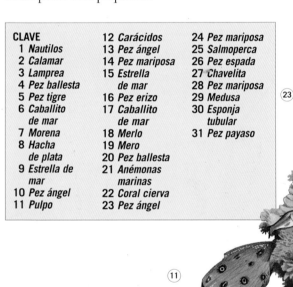

Algunos corales son ramificados, los hay con forma de montículos y otros parecen flores de colores.

El arrecife de coral proporciona a los
depredadores y a sus presas lugares para
esconderse. La morena se lanza contra su
presa desde un agujero. El pez payaso se
esconde entre los tentáculos de las
anémonas. Otros peces pueden ser
cazados, pero la morena y el pez
payaso permanecerán ilesos.

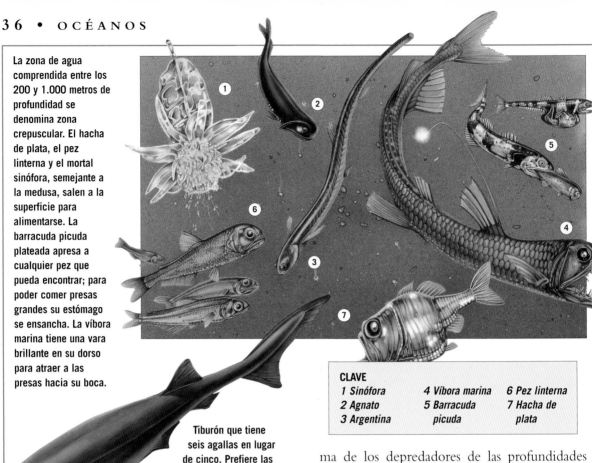

La zona de agua comprendida entre los 200 y 1.000 metros de profundidad se denomina zona crepuscular. El hacha de plata, el pez linterna y el mortal sinófora, semejante a la medusa, salen a la superficie para alimentarse. La barracuda picuda plateada apresa a cualquier pez que pueda encontrar; para poder comer presas grandes su estómago se ensancha. La víbora marina tiene una vara brillante en su dorso para atraer a las presas hacia su boca.

CLAVE

1 Sinófora	*4 Víbora marina*	*6 Pez linterna*
2 Agnato	*5 Barracuda*	*7 Hacha de*
3 Argentina	* picuda*	* plata*

Tiburón que tiene seis agallas en lugar de cinco. Prefiere las aguas frías de las profundidades, se alimenta de peces y rayas cerca del fondo marino.

PROFUNDIDADES MARINAS

LA LUZ no puede filtrarse muy lejos a través del agua, por lo que por debajo de los 200 metros de profundidad la luz es escasa y por debajo de los 1.000 metros la oscuridad es total y la temperatura del agua muy baja. El fitoplancton no puede sobrevivir en estas condiciones, y la vida animal es muy reducida. Como no hay ninguna materia vegetal para alimentarse, las criaturas que habitan los fondos marinos necesitan buscar otras fuentes de alimento alternativas. Algunos animales carroñeros se alimentan de los restos de plantas muertas y materia animal que cae desde las aguas superficiales. Otros, como el pez hacha, suben hasta la superficie para alimentarse y volver a las profundidades. En el camino tienen que evitar caer vícti-

ma de los depredadores de las profundidades que patrullan las oscuras aguas.

Los animales que habitan en las profundidades marinas tienen que estar adaptados para sobrevivir. En su mayoría son pequeños, de cuerpo frágil y carecen de masa muscular. Estos factores reducen el consumo de energía y en consecuencia la cantidad de comida que necesitan. Tienen los ojos alargados y sensibles para ver en las aguas prácticamente negras. Muchos son de color marrón o negro para camuflarse y ocultarse de los depredadores. Algunas gambas son de color rojo intenso, pero este color es invisible en la profundidad.

Los depredadores deben adaptarse a un territorio muy extenso y escaso de presas, donde pasan largos períodos de tiempo entre cada captura. La víbora marina posee largas mandíbulas con dientes muy largos en forma de aguja afilada que apuntan hacia atrás para clavarlos y agarrar a sus presas. Para tomar ventaja sobre cualquier presa que puedan encontrar, muchos depredadores, como la anguila, tienen unas mandíbulas enormes y estómagos que pueden estirar para dar cabida a peces incluso más grandes que ellos mismos.

A pesar de la negrura de las aguas, algo de luz penetra hasta las profundidades oceánicas. Algunos de los animales de las profundidades son capaces de producir luz con sus cuerpos, tanto con sus tejidos como con órganos especiales para producirla. Esta característica se conoce como bioluminiscencia. Esta iluminación sirve para atraer a sus presas y como señal para otros animales de la misma especie en busca de pareja. Puede incluso ser utilizada como flash intermitente para confundir a un atacante.

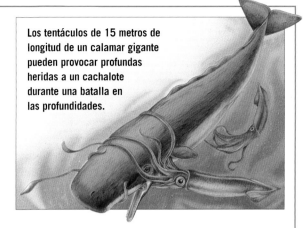

Los tentáculos de 15 metros de longitud de un calamar gigante pueden provocar profundas heridas a un cachalote durante una batalla en las profundidades.

Al igual que los pequeños depredadores que habitan las profundidades visitan la superficie, los animales grandes visitan las profundidades para capturar presas. Las ballenas y los tiburones de las profundidades se alimentan de peces y calamares. Algunas ballenas, a pesar de que necesitan salir a la superficie para respirar, pueden resistir bajo el agua durante largos períodos de tiempo. El cachalote puede sumergirse hasta 3.000 metros bajo la superficie y mantenerse hasta dos horas en busca de su presa favorita: el calamar gigante.

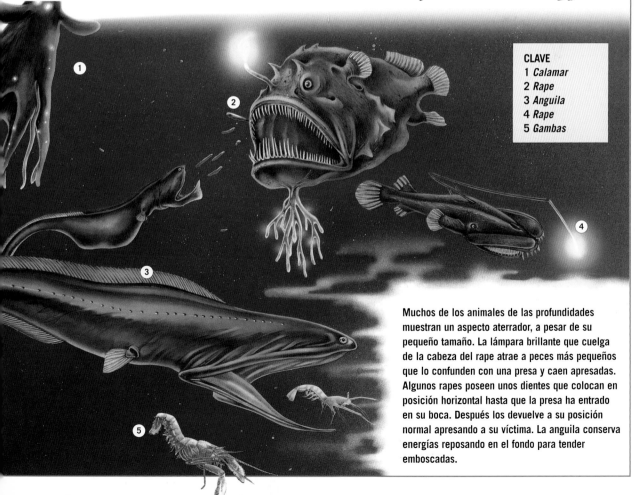

CLAVE
1 *Calamar*
2 *Rape*
3 *Anguila*
4 *Rape*
5 *Gambas*

Muchos de los animales de las profundidades muestran un aspecto aterrador, a pesar de su pequeño tamaño. La lámpara brillante que cuelga de la cabeza del rape atrae a peces más pequeños que lo confunden con una presa y caen apresadas. Algunos rapes poseen unos dientes que colocan en posición horizontal hasta que la presa ha entrado en su boca. Después los devuelve a su posición normal apresando a su víctima. La anguila conserva energías reposando en el fondo para tender emboscadas.

SUELO OCEÁNICO

EN EL FONDO marino, aproximadamente a 4.500 metros de profundidad, el agua es completamente negra y muy fría. Los animales que lo habitan no pueden utilizar la vista para capturar a sus presas; en realidad, muchos son ciegos. En compensación, tienen el sentido del tacto muy desarrollado o son capaces de detectar los cambios químicos que se producen en el agua y que les guían a una fuente de alimento.

El suelo del océano está cubierto por una gruesa capa de cieno formado de arena, barro, y partículas de roca y restos de animales y plantas que provienen de las aguas superficiales. Algunos animales se alimentan de estos restos escarbando agujeros o arrastrándose entre el cieno. Su sistema digestivo está especialmente adaptado para digerir esta dieta de restos animales, incluidos sus esqueletos y excrementos.

Las ofiuras, de la familia de los corales y las anémonas, se confunden con una planta cuando se apoya en el cieno y agita los tentáculos en el agua. Las esponjas, como la cesta de mar, también reposan en el cieno y filtran restos del agua. Los erizos con su piel cubierta de púas y su pariente, el pepino de mar, tienen unos tentáculos ramificados bajo sus cuerpos, llamados pies tubulares, que les permiten moverse o escarbar en el cieno; otros recogen su alimento directamente del agua del océano y se lo acercan a la boca.

Además de los carroñeros, también encontramos animales depredadores en el lecho oceánico. La araña de mar se desplaza con cuidado por el fondo. Sus larguísimas patas la mantienen alejada del blando cieno. Se alimenta de esponjas y gusanos.

En el fondo del océano hay pocos peces, entre ellos destaca el quimera. Tiene una cabeza grande y un cuerpo largo que termina en una cola más larga que el cuerpo. Emite un sonido fuerte de tamborileo con la vibración de los músculos adjuntos a su vejiga natatoria (el órgano que lo mantiene a flote). Es posible que realice este sonido para atraer a otros de su especie.

El pez trípode se sujeta en el suelo del océano sobre un trípode hecho con sus largas aletas que parecen zancos y su cola. Este pez clava la punta de dos de sus finas aletas en la blanda superficie cenagosa para sostener su cuerpo y mantiene en el aire otro par de aletas para detectar el movimiento que produce el paso de una posible presa, después de lo cual avanza hacia ella.

En el fondo oceánico hay basura producida por los humanos, como viejas redes de pesca, latas, botellas y restos de barcos naufragados. La escoria, carbón quemado, se encuentra por todo el océano, especialmente bajo las líneas de navegación más importantes. Los barcos de vapor vertían al mar el carbón ya consumido aproximadamente entre los años 1850 y 1950.

CLAVE
1 *Quimera*
2 *Ofiura*
3 *Gamba*
4 *Pepino de mar*
5 *Pez trípode*
6 *Pepino de mar*
7 *Cesta de mar*
8 *Araña de mar*
9 *Pepino de mar*
10 *Ofiura*
11 *Erizo*

LOS GIGANTES DEL OCÉANO

ALGUNOS de los animales más grandes del mundo habitan en los océanos. Pueden alcanzar ese tamaño porque el agua sujeta sus enormes cuerpos. En tierra, morirían incluso los mamíferos que respiran aire, como las ballenas, aplastados bajo su propio peso. Pueden también alcanzar ese tamaño por la abundancia de alimento que les ofrece el océano.

Las grandes cantidades de plancton animal y vegetal mantienen toda la vida del océano, bien siendo alimento para pequeños animales, que a su vez son comidos por otros más grandes, o alimentando directamente a los animales grandes.

En realidad, algunas de las ballenas más grandes y algunos tiburones se alimentan únicamente de zooplancton diminuto, como el krill

de tan sólo 5 cm de longitud. La ballena azul mide 30 m y come cuatro toneladas de krill cada día, pero debido a que éste se reproduce rápidamente, siempre hay en abundancia. Las ballenas azules, y otros animales con esta dieta, emigran a las regiones polares durante el verano, donde se alimentan de grandes cantidades de plancton animal y vegetal.

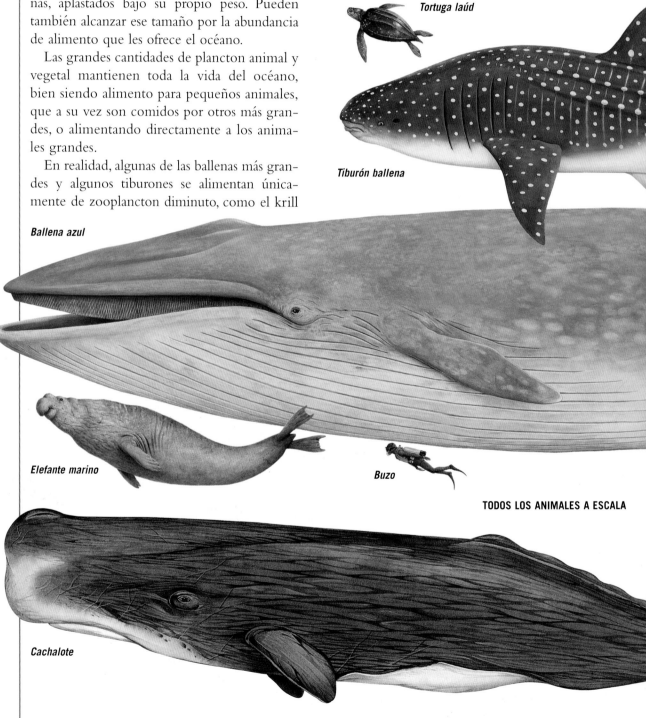

Tortuga laúd

Tiburón ballena

Ballena azul

Elefante marino

Buzo

TODOS LOS ANIMALES A ESCALA

Cachalote

La ballena azul, de 15 m de longitud y la manta raya, de 6 m, se alimentan de plancton y de pequeños peces. A diferencia de la ballena azul, que filtra el plancton del agua a través de unas placas córneas que cuelgan desde su boca, estos gigantes filtran el plancton a través de las agallas. El tiburón ballena tiene muchos dientes, pero son pequeños e inútiles.

Otros gigantes del océano son depredadores de peces grandes y otros animales. La tortuga laúd, de casi 2 m de longitud, se sumerge hasta los 900 m en busca de medusas con las que alimentarse. El pulpo del Pacífico, que habita en el fondo oceánico, captura cangrejos y langostas con sus largos brazos de hasta 9 m.

El elefante marino se alimenta de peces y calamares. Los machos pueden llegar a pesar más de dos toneladas, tres veces más que las hembras. El cachalote, de 18 m, caza calamares gigantes de las profundidades. Su cabeza enorme constituye la tercera parte de su peso; contiene una sustancia grasa –que cuando se extrae de su cuerpo se convierte en cera–, que lo ayuda a hundirse y elevarse dentro del agua.

Unos de los cazadores más terribles del océano son los tiburones depredadores. El gran tiburón blanco suele medir unos 7 m. Se alimenta de focas y otros mamíferos marinos y, a pesar de su reputación, sólo ataca al hombre por error.

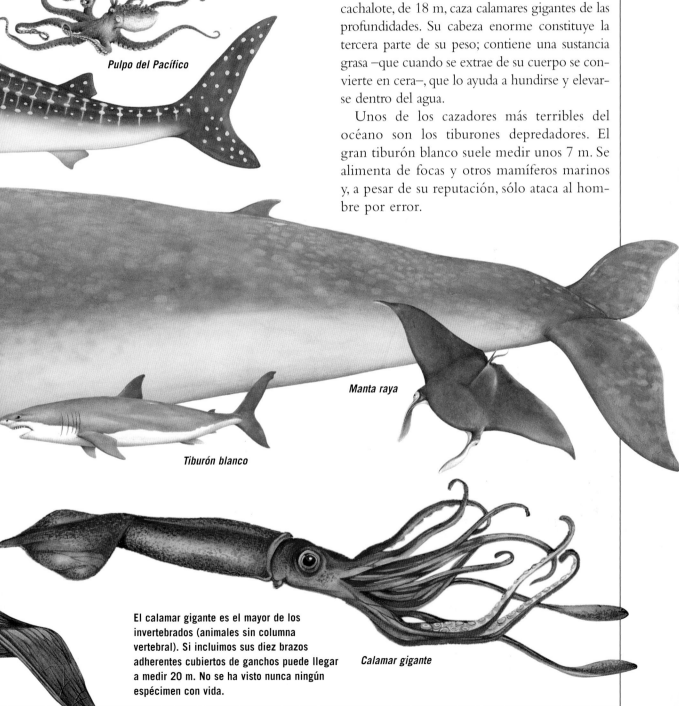

Pulpo del Pacífico

Manta raya

Tiburón blanco

El calamar gigante es el mayor de los invertebrados (animales sin columna vertebral). Si incluimos sus diez brazos adherentes cubiertos de ganchos puede llegar a medir 20 m. No se ha visto nunca ningún espécimen con vida.

Calamar gigante

CLAVE
1 Golondrina común
2 Gaviota cabecinegra
3 Gaviota
4 Ostrero
5 Lapa
6 Mejillones
7 Bígaros
8 Percebes
9 Cangrejo de playa
10 Gamba
11 Kelp (alga marina)
12 Lechuga de mar
13 Estrella de mar
14 Espinoso
15 Cangrejo ermitaño
16 Blenio
17 Anémona marina
18 Buccino

EL LITORAL

EL LITORAL es el lugar donde se encuentran el mar y la tierra. Puede consistir en acantilados rocosos, playas arenosas o marismas rodeando la desembocadura de un río o estuario. La fauna y la flora que residen aquí deben ser capaces de sobrevivir a las mareas que los cubren de agua salada en ciertos períodos del día y los dejan expuestos al aire el resto del tiempo. Habitan en diferentes niveles de la costa según su capacidad para sobrevivir fuera del agua.

Muchas clases de algas marinas se secan con facilidad, por lo que se encuentran en la zona más baja de la costa, donde siempre están cubiertas de agua. Algunas variedades más resistentes viven en niveles más altos. Se anclan a las rocas para evitar

ser arrastradas por la marea alta y están cubiertas por una mucosidad para agarrarse a las zonas húmedas cuando ésta se retira.

Los animales que habitan en la arena o las marismas se entierran durante la marea baja para mantener el frío y la humedad. En las costas rocosas, los mejillones aglutinan sus caparazones firmemente. Las lapas se adhieren con firmeza a las rocas húmedas para evitar secarse y ser arrastradas por las fuertes olas cuando sube la marea.

En algunas costas, se forman charcos de la marea entre las rocas. Éstos tienen una gran riqueza de vida, incluyendo animales como la estrella de mar, anémonas marinas y pequeños peces, que de otra forma no podrían sobrevivir en niveles más altos del litoral.

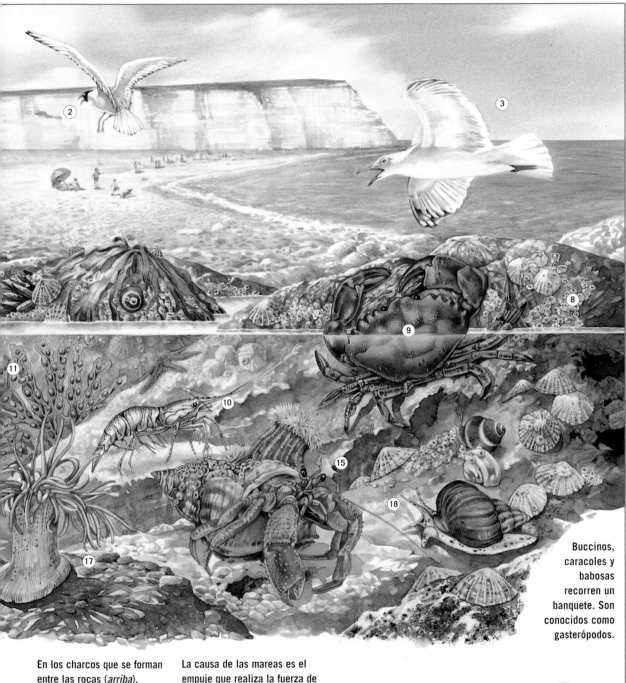

Buccinos,
caracoles y
babosas
recorren un
banquete. Son
conocidos como
gasterópodos.

En los charcos que se forman entre las rocas (*arriba*), lapas, caracoles y litorinas se alimentan de algas; éstos, a su vez son comidos por estrellas de mar y buccinos. Las algas también ofrecen un refugio húmedo cuando la marea se retira. El cangrejo ermitaño y otros cangrejos son carroñeros de desechos animales. Algunas aves, como el ostrero y las gaviotas, buscan en el litoral gusanos, peces y animales con caparazón.

La causa de las mareas es el empuje que realiza la fuerza de gravedad de la Luna sobre la Tierra. Durante el movimiento de rotación de la Tierra, las aguas del océano que están en la zona de la Tierra más próxima a la Luna (y el lado opuesto) son atraídas causando la marea alta. En el resto de la Tierra hay marea baja. Cuando el Sol y la Luna están alineados, la gravedad del Sol aumenta el empuje, ocasionando mareas más altas y más bajas.

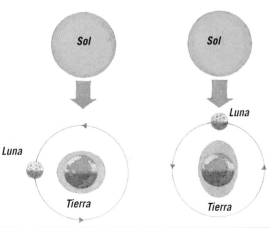

LA VIDA EN LAS ISLAS

S EPARADAS de los continentes por extensiones de agua, las islas poseen a menudo una variedad propia de fauna y flora. Algunas islas fueron parte de masas de tierra más grandes, otras se han formado a partir de volcanes submarinos. En cuanto se forman, comienzan a colonizarse con plantas y animales. Las islas cercanas al continente se colonizan antes que las más alejadas.

El piquero patiazul (*izquierda*), anida en los empinados acantilados de las islas Galápagos, cerca de la costa sudamericana. Se zambulle en el agua para alimentarse de peces y calamares. El macho y la hembra incuban los huevos por turnos.

El único lagarto que se alimenta en el mar es la iguana marina (*debajo*) que también se encuentra en las islas Galápagos. Reposan al sol para calentarse después de sumergirse 15 m por debajo de la superficie del agua para pacer en las algas.

La palmera cocotera es una de las pocas especies de árboles que pueden diseminar sus semillas a grandes distancias. Los cocos tienen una corteza exterior impermeable que les permite flotar miles de kilómetros hasta alcanzar las islas más remotas.

Las semillas de plantas pueden viajar a través de los océanos. Dependen del viento o el agua para que los transporte hasta las islas. Las semillas también pueden transportarse en el pelo o en plumas de animales, o en su sistema digestivo. Las semillas ligeras de las pequeñas plantas pueden viajar más lejos arrastradas por el viento, por eso, en las islas más remotas hay muy pocos árboles o ninguno, aunque esas pequeñas plantas pueden crecer con los años.

Las aves y los animales nadadores, como las focas, son, a menudo, los primeros animales en llegar a las nuevas islas. Además de transportar semillas sobre o dentro de sus cuerpos, transportan insectos u otras criaturas microscópicas. Los insectos también son arrastrados hasta las islas por el viento. Cuanto mayor es su población, proveen de alimento a un mayor número de animales.

Los animales de tierra, a veces encuentran un camino hasta las nuevas islas en balsas de vegetación que las tormentas arrancan de las costas. Otros son llevados por los humanos. En las islas remotas, algunas especies animales se extinguen y otras son capaces de adaptarse a la nueva situación y de reproducirse. A lo largo del tiempo, pueden evolucionar nuevas especies únicas.

Muchas de las especies de aves que habitan en las islas anidan en grandes colonias en acantilados remotos para evitar que los depredadores roben sus huevos. Los fraileciillos anidan en madrigueras que cavan ellos mismos o utilizan las que los conejos han dejado desiertas. Se sumergen en el agua para capturar pequeñas anguilas en la arena del fondo.

Las tortugas gigantes habitan en las islas Galápagos y en las Seychelles, en el océano Índico. Han crecido por la escasez de depredadores. Algunas tortugas gigantes pastan en las hierbas bajas y tienen un amplio caparazón que les llega hasta cerca del cuello. Otras tienen el caparazón en forma de cúpula que les permite estirar su cuello hasta la vegetación más alta. La introducción por los humanos de animales de pastoreo limita su alimentación y amenaza su supervivencia.

A menudo en las islas no se encuentran grandes depredadores, por lo que los animales no necesitan ser rápidos ni pequeños. Pueden alcanzar tamaños mayores que sus parientes continentales. Algunas aves no necesitan utilizar sus mecanismos de vuelo para escapar. Sus alas se vuelven pequeñas e inútiles y pasan todo el tiempo sobre la tierra. Su adaptación hace que muchas aves pierdan su capacidad de volar, como el kakapo, una especie de loro de Nueva Zelanda, que se convirtió en presa fácil cuando los humanos introdujeron depredadores.

La competición entre especies dentro de una isla es reducida debido a la escasa diversidad de animales. Un ave puede alimentarse de una gran variedad de alimentos que en el continente «pertenecen» a otras aves. El estilo de vida se ve amenazado con la llegada de nuevas especies.

El kiwi es una especie de ave no voladora de los bosques de Nueva Zelanda. De noche sale de su madriguera para alimentarse de gusanos.

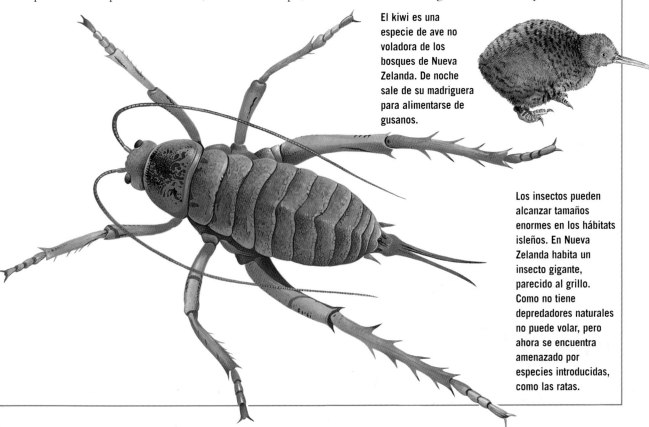

Los insectos pueden alcanzar tamaños enormes en los hábitats isleños. En Nueva Zelanda habita un insecto gigante, parecido al grillo. Como no tiene depredadores naturales no puede volar, pero ahora se encuentra amenazado por especies introducidas, como las ratas.

TÉRMINOS USUALES

Abisal, llanura Extensa zona llana del suelo oceánico situada principalmente entre 4.000 y 5.000 metros por debajo de la superficie marina.

Afluente Corriente de agua o río que desemboca en otro más grande.

Agallas Órganos respiratorios de los peces y otras criaturas que habitan en el agua y que extraen el oxígeno del agua.

Alga Planta sin tallo, raíces ni hojas que se encuentra en el agua o zonas húmedas. Incluye unas plantas unicelulares, llamadas fitoplancton.

Bioluminiscencia Emisión de luz por parte de un organismo vivo. Permite a los peces reconocer a su pareja o atraer a su presa.

Bioma Grupo de hábitats que generalmente presentan características semejantes.

Biosfera El mundo vivo.

Bosque boreal Denso bosque de coníferas que cubre las zonas del norte del planeta.

Carroñero Animal que se alimenta de restos de materia muerta o cazada por otros animales.

Clima Evolución de la meteorología en una región del mundo en particular durante un período largo de tiempo.

Contaminación El deterioro que crea en un ecosistema la polución humana.

Coral Esqueletos de colonias de unos animales microscópicos llamados pólipos.

Corrientes Franjas de agua de los océanos en movimiento que recorren todo el planeta.

Depredador Animal que caza otros animales para alimentarse.

Dorsales oceánicas medias Larga cadena montañosa que recorre el suelo oceánico.

Ecología Estudio de las relaciones entre la fauna, la flora y otros seres vivos, así como su adaptación al medio ambiente.

Ecosistema Zona definida en la que interactúan seres vivos y materia inanimada.

Ecuador Línea invisible equidistante de los polos que rodea la tierra.

Estuario Lugar donde se unen el mar y el río, mezclando sus aguas.

Fotosíntesis Proceso de las plantas verdes que usan la luz del sol como energía para convertir dióxido de carbono y agua en nutrientes.

Invertebrados Animales sin huesos. Incluye insectos, arañas, crustáceos, gusanos y esponjas.

Krill Pequeño plancton que forma una gran parte de la dieta de muchos animales oceánicos.

Larva Forma inmadura de algunos animales, como los insectos.

Microbio Organismos microscópicos, como por ejemplo las bacterias.

Migración Movimiento de una población animal durante un período del año para alimentarse o reproducirse.

Montañas marinas Montañas que se elevan 1.000 metros o más desde el fondo oceánico, pero que quedan totalmente sumergidas.

Parásito Ser vivo que depende de otro para cubrir sus necesidades de alimentación y refugio, y a menudo ocasionan daño al hospedador.

Plagas Seres vivos que ocasionan daños o inconvenientes a los humanos por su comportamiento o número.

Plancton Plantas microscópicas (fitoplancton) o animales (zooplancton) que flotan en los lagos o aguas superficiales de los océanos.

Plataforma continental La parte de un continente que se encuentra bajo el océano.

Quimiosíntesis Proceso por el cual el cuerpo de los seres vivos descompone sustancias inanimadas para obtener energía.

Talud continental Zona escarpada de la plataforma continental que desciende hasta la llanura abisal.

Templado Clima moderado entre el polar y el tropical.

Tropical Situado en los trópicos, cerca del Ecuador.

ÍNDICE

Los números de página en **negrita** hacen referencia a las entradas principales